BEI GRIN MACHT SICH IHR WISSEN BEZAHLT

Onboarding vor dem Hintergrund des Demografischen Wandels

Vanessa Schulte

Bibliografische Information der Deutschen Nationalbibliothek:

Die Deutsche Nationalbibliothek verzeichnet diese Publikation in der Deutschen Nationalbibliografie; detaillierte bibliografische Daten sind im Internet über http://dnb.d-nb.de abrufbar.

ISBN: 9783346574947
Dieses Buch ist auch als E-Book erhältlich.

© GRIN Publishing GmbH
Nymphenburger Straße 86
80636 München

Druck und Bindung: Books on Demand GmbH, Norderstedt Germany
Gedruckt auf säurefreiem Papier aus verantwortungsvollen Quellen

Das vorliegende Werk wurde sorgfältig erarbeitet. Dennoch übernehmen Autoren und Verlag für die Richtigkeit von Angaben, Hinweisen, Links und Ratschlägen sowie eventuelle Druckfehler keine Haftung.

Das Buch bei GRIN: https://www.grin.com/document/1165722

Assignment

Modul PER25

Grundlagen des Personalmanagements

Thema:
Onboarding vor dem Hintergrund des Demografischen Wandels

Dortmund, den 01. Januar 2022

Inhaltsverzeichnis

Abbildungsverzeichnis

Tabellenverzeichnis

1 Einleitung

„Wer Altes bewahrt und zugleich neues Wissen und neue Erfahrungen zu gewinnen vermag, der kann den Menschen Lehrer und Vorbild sein"[1] Das Zitat von Konfuzius verdeutlicht, wie wertvoll Erfahrung und Wissen älterer Menschen sind und zeigt auf, dass sie andere Menschen belehren und positiv beeinflussen können. Es verdeutlicht aber ebenso, dass stets neue Kenntnisse erlernt und ausgebaut werden sollten. Heutzutage sind die Erfahrung und das Wissen älterer Generationen, aus personalwirtschaftlicher Sicht und vor dem Hintergrund des Demografischen Wandels bedeutender denn je und als Chance zu begreifen. Gleichzeitig besteht für Unternehmen darin auch die Herausforderung ältere Mitarbeiter fortlaufend zu integrieren und zu qualifizieren, um eine langfristige Zusammenarbeit gewährleisten zu können.

1.1 Problemstellung

Ein Kurzbericht des Instituts für Arbeitsmarkt- und Berufsforschung prognostiziert anhand von drei Szenarien die Entwicklung des Erwerbspersonenpotenzials in Deutschland bis 2060. Das dazu veröffentlichte Diagramm verdeutlicht anhand dieser Szenarien, dass die Entwicklung des Erwerbspersonenpotenzials früher oder später abnehmen wird, s. Abbildung 1.[2]

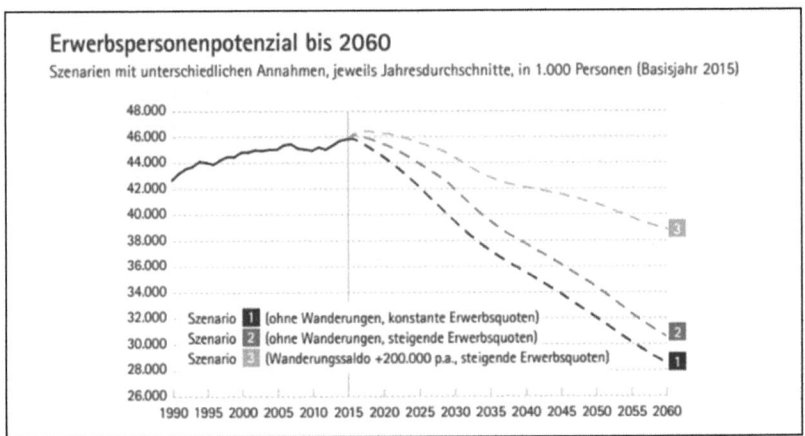

Abbildung 1: Prognose zum Erwerbspersonenpotenzial bis 2060, dargestellt anhand von drei Szenarien, denen eine unterschiedliche Erwerbsquote und Wanderung zugrunde liegt [3]

Die dargestellten Szenarien zur Entwicklung der Erwerbspersonenanzahl in Deutschland bis 2060 geht von einem Höchstwert von ungefähr 46 Millionen Erwerbspersonen im Jahr 2015

---

[1] Konfuzius, 1988, zitiert nach Lang, Rybnikova, 2014, S. 225
[2] Vgl. Fuchs, Söhnlein, Weber, 2017, Internetquelle
[3] Fuchs, Söhnlein, Weber, 2017, Internetquelle

aus. Das erste Szenario prognostiziert bis 2060 einen Rückgang der Erwerbspersonen unter der Annahme, dass die Erwerbsquote konstant bleibt und Zuwanderungen ausbleiben. Nach diesem Szenario wird die Erwerbspersonenanzahl in dem genannten Zeitraum auf einen Wert von 28 Millionen Erwerbspersonen abfallen, was einer Minderung von ca. 40% entspricht. Das zweite Szenario stellt die Entwicklung des Erwerbspersonenpotenzials, ebenfalls ohne Zuwanderungen, aber mit einer steigenden Erwerbsquote dar. In diesem Fall wird im Vergleich zu Szenario 1 der Rückgang durch eine höhere Beteiligung aller erwerbsfähigen Menschen, beispielsweise durch Menschen, die das Rentenalter bereits erreicht haben, um ca. 5% positiv abgeschwächt. In Szenario drei wird die Entwicklung der Anzahl der Erwerbspersonen im Hinblick auf eine steigende Erwerbsquote mit gleichzeitig konstanter Einwanderungsrate dargestellt. In dieser Konstellation geht das Niveau der erwerbsfähigen Personen um ca. 18% auf 38 Millionen zurück, was im Vergleich zu Szenario 2 eine weitere positiven Abschwächung von 17% darstellt.

Die Grafik verdeutlicht, dass sich die Bevölkerungsstruktur in Deutschland in den nächsten Jahrzehnten verändern und die Anzahl der Erwerbspersonen sinken wird. Mit einer steigenden Erwerbsquote, beispielsweise durch die Anhebung des Rentenentrittsalters, sowie durch Zuwanderung von Fachkräften aus dem Ausland, kann der Rückgang des Erwerbspersonenpotenzials zwar verlangsamt, jedoch nicht aufgehalten werden. Für Unternehmen bedeutet dies, dass das auf dem Arbeitsmarkt vorhandene Fachkräftepersonal zwangsläufig immer älter wird und gleichzeitig eine hohe Anzahl an Zuwanderern beinhalten wird. Entsprechend müssen sich Unternehmen bei der Suche nach neuen Mitarbeitern zukünftig vermehrt auf diese Gruppen ausrichten und dabei Konzepte entwickeln, mit denen diese Arbeitnehmer erfolgreich integriert werden können. Für eine gelungene Eingliederung in ein Unternehmen müssen viele personalwirtschaftliche Strukturen angepasst werden. Nach der Bewerberauswahl ist die Integration, das sogenannte Onboarding, ein wichtiger Prozess für neue Angestellte. Wie kann dieser Prozess also so ausgerichtet werden, dass die zukünftigen Interessengruppen möglichst erfolgreich in das Unternehmen eingeführt werden können?

1.2 Ziel und Aufbau

Ziel dieser Arbeit ist es, Lösungsansätze zu finden, mit denen die Bewerbergruppen, die vor dem Hintergrund des Demografischen Wandels in den nächsten Jahren relevant sein werden, erfolgreich in ein Unternehmen integriert werden können. Der Fokus dieser Arbeit liegt dabei auf der potenziellen Bewerbergruppe älterer Generationen. In einem ersten Schritt wird sich mit der Frage beschäftigt, was der demografische Wandel ist und wie sich die Bevölkerungsstruktur dahingehend verändern wird. Im Fokus steht hier die wirtschaftliche Relevanz des Demografischen Wandels für den zukünftigen Arbeitsmarkt. Nachfolgend wird auf die Generation der Babyboomer eingegangen, die eine große Gruppe erwerbsfähiger Personen beschreibt und für die Eindämmung der Folgen des Demografischen Wandels wichtig sein wird. Im Anschluss daran wird der Prozess des Onboardings definiert. Das darauffolgende Kapitel befasst sich detaillierter mit den Phasen des Onboardings und erörtert einige Methoden, um neue Mitarbeiter erfolgreich in ein Unternehmen zu integrieren. Die theoretischen Grundlagen und die unterschiedlichen Methoden zum Onboarding werden zum Schluss zusammengeführt, um eine möglichst effiziente Onboardingphase der Babyboomer aufzuzeigen. Abschließend erfolgt eine kritische Reflektion der verwendeten Literatur und den daraus abgeleiteten Inhalten sowie ein sich daran anschließender Ausblick zur weiteren Behandlung des vorliegenden Themas „Onboarding vor dem Hintergrund des demografischen Wandels".

2   Theoretische Grundlagen

Zur Einordnung des Themas wird zunächst auf den Demografischen Wandel eingegangen und dessen gegenwärtige Bedeutung sowie wirtschaftliche Relevanz erläutert. Anschließend wird die Generation der Babyboomer genauer beleuchtet. Dabei werden insbesondere die für die Personalwirtschaft relevanten Kompetenzen und Bedürfnisse sowie daraus abgeleitete Defizite dieser Generation erörtert. Zum Abschluss der theoretischen Grundlagen wird das Thema Onboarding aufgegriffen und die personalwirtschaftliche Bedeutung erörtert.

2.1   Gegenwärtige Bedeutung des Demografischen Wandels

Die drei Faktoren, mit denen eine Bevölkerungsstruktur beschrieben wird, sind die Fertilität, die durchschnittliche Lebenserwartung und die Migration. Für die Beschreibung der Fertilität wird die Anzahl der Frauen mit der Anzahl der jeweiligen Geburten in das Verhältnis gesetzt.[4] Budliger führt an, dass die Fertilität stark mit dem Bildungsgrad zusammenhängt und dass zu beobachten ist, dass gebildetere Frauen in der Regel weniger Kinder zur Welt bringen. Die Anzahl der Geburten in den Industrieländern leidet insbesondere darunter, dass viele Frauen ihren Lebensmittelpunkt auf die Karriereplanung statt auf die Familienplanung ausrichten. Auch in Krisenzeiten ist, durch Unsicherheiten auf dem Arbeitsmarkt, ein starker Rückgang der Geburtenrate zu beobachten. Ebenfalls hat die Religion einen großen Einfluss auf die Fertilität. Eine konservative und religiöse Gesellschaft hat in der Regel ein sehr ausgeprägtes Rollenverständnis und legt großen Wert auf das traditionelle Bild einer Familie. Als weiteren Faktor für die Beschreibung einer Bevölkerungsstruktur nennt Budliger die Lebenserwartung, welche in

---

[4] Vgl. Budliger, 2021, S. 4 ff

den letzten Jahren global angestiegen ist. Sie wird begünstigt durch eine stetig sinkende Kindersterblichkeitsrate, durch die Weiterentwicklung der Medizintechnik sowie durch eine damit zusammenhängende verbesserte medizinische Versorgung, insbesondere im Alter. Die Differenz von Ein- und Auswanderern wird als Migration einer Bevölkerung beziffert, die den dritten Faktor einer Demografischen Entwicklung darstellt. Hauptsächlich jüngere Menschen wandern ein oder aus und bringen ihre Kultur mit der jeweiligen Tendenz zur Fertilität und Lebenserwartung mit in das Zielland. Allerdings passen sich sowohl die Fertilität als auch die Lebenserwartung schnell an das Zuwanderungsland an. Die Migration wird in einigen Staaten für die Stärkung der Demografie eingesetzt. Budliger nennt als Beispiel die USA, die ihre Demografie mit der Green Card regulieren. Um den Faktor der Fertilität zu erhöhen, gibt es ebenfalls bereits einige aufwendige Programme, die allerdings nur zielführend sind, wenn sie langfristig beibehalten werden. Falls diese Programme nicht weiter ausgeführt werden, wird die Bevölkerung weiter altern und letztendlich auch schrumpfen. Deutschland beginnt schon im Jahr 2021 zu schrumpfen. Sowohl Konsum als auch Wertschöpfung werden im Jahr 2050 anfangen zu sinken. Budliger merkt an, dass dies den Fortschritt und die Wirtschaftsentwicklung negativ beeinflussen wird.[5] Historisch gesehen hat Europa eine unstetige demografische Geschichte, geprägt durch den Babyboom nach dem zweiten Weltkrieg und den politisch bedingten Wanderungen. Die Geburtenhäufigkeit ging Ende der 60er Jahre stark zurück, während die Lebenserwartung schon lange vorher mit gleichbleibendem Tempo angestiegen ist. Für ganz Europa, insbesondere aber für Deutschland, bedeutet dies, dass das Erwerbspersonenpotenzial stark sinken wird.[6] Die vorhandene Infrastruktur muss sich einer älteren und schrumpfenden Bevölkerung anpassen, die von weniger Steuerzahlern unterhalten werden muss.[7] Für Unternehmen bedeutet die demografische Entwicklung nun, dass der Produktionsfaktor Arbeit sich maßgeblich verändern wird.[8]

2.2 Kompetenzen, Bedürfnisse und potenzielle Defizite der Generation „Babyboomer"

Um mit der demografischen Entwicklung Schritt halten zu können, ist die Weiterqualifizierung und -beschäftigung der Generation der Babyboomer eine effektive Möglichkeit.[9] Als Babyboomer werden die Menschen der geburtenstarken Jahrgänge von 1955 bis 1965 bezeichnet,

---

[5] Vgl. Budliger, 2021, S. 11
[6] Vgl. Walter, 2013, S. 2
[7] Vgl. Budliger, S. 2021, S. 11
[8] Vgl. Rimser, 2014, S. 5
[9] Vgl. Walter, 2013, S. 7

die mittlerweile um die 60 Jahre alt sind.[10] Sie verfügen generell über eine gute körperliche und geistige Leistungsfähigkeit. In unserer heutigen Gesellschaft hat sich allerdings manifestiert, dass sich in diesem Alter auf die Rente und damit auf die Verabschiedung aus dem Erwerbsleben vorbereitet wird. Wirtschaftlich betrachtet wird es allerdings immer wichtiger, die Babyboomer um 10 Jahre länger zu beschäftigen und alle Kräfte auf dieses Ziel auszurichten.[11] Ältere Mitarbeiter sorgen in Unternehmen häufig für Kontinuität und Stabilität, da sie routiniert und mit den Arbeitsprozessen bestens vertraut sind. Sie verfügen über ein breites Know-how und wissen, woher sie wichtige Informationen erhalten können und benötigen somit tendenziell weitaus weniger Zeit als unerfahrenere Mitarbeiter, die länger über Aufgaben und deren Lösungswege nachdenken müssen. Auch die Motivation kann im Alter beständig bleiben. Erachtet der ältere Mitarbeiter eine Aufgabe als wichtig, kann er begeistert und ausdauernd nach Lösungen suchen. Ist der ältere Mitarbeiter allgemein zufrieden in seinem Unternehmen, zeichnet er sich durch eine hohe Loyalität aus. Er kennt seine Möglichkeiten, aber auch seine Grenzen ganz genau und behält im Vergleich zu Berufseinsteigern häufig das Große und Ganze besser im Blick.[12] Schröder-Kunz stellt in ihren Seminaren oft fest, dass ältere Mitarbeiter ihre Defizite, beispielsweise in Form von Schnelligkeit der Informationsverarbeitung, durch Intelligenz, Expertise und Zuverlässigkeit in der Praxis kompensieren. Dadurch dass die Familienphase hinter ihnen liegt und sie sich nicht mehr beweisen müssen, berichten die Teilnehmer der Seminare häufig von einer inneren Freiheit. Die Werte der Babyboomer sind im Vergleich zu denen der Generation Y, die die Jahrgänge 1980 bis 2000 beschreibt, bescheiden und genügsam. Sie sind in der Nachkriegszeit aufgewachsen und kennen den Warenüberfluss der nachfolgenden Generationen nicht. Babyboomer sind funktional eingestellt und lassen sich nicht von Ästhetik und Emotionen leiten. Für sie ist die tägliche Arbeit Pflicht und sie denken generell kollektiv und nicht im Individualismus.[13] Aufgewachsen sind die Babyboomer zum größten Teil in soliden Umweltbedingungen. Für sie wurde das Bildungssystem stark ausgebaut. Durch die große Anzahl an Menschen in dieser Generation sind sie bestens vertraut mit Konkurrenzsituationen zu Gleichaltrigen. Sie sind es gewohnt in Gruppen zusammen zu handeln und sich durchzusetzen. Allgemein werden sie von anderen Altersgruppen als durchsetzungsvermögende, teamfähige Idealisten wahrgenommen, die über eine gute Selbsteinschätzung verfügen und zuverlässige

---

[10] Vgl Parment, 2013, S. 7
[11] Vgl. Walter, 2013, S. 7
[12] Vgl. Schröder-Kunz, 2019, S. 207 f
[13] Vgl. Parment, 2013, S. 8 ff

Arbeitspartner sind. Körperliche Einschränkungen sind bis zum Rentenalter eher gering. Lediglich das Seh- und Hörvermögen lässt nach und der Rücken und die Gelenke machen Probleme. Durch jahrelange Tätigkeiten im Geschäftsleben und die alltägliche Lebenserfahrung haben sie einen großen Erfahrungsschatz an Kenntnissen. Fachexpertise, Beziehungen und Erfahrungswerte lässt die Qualität der Arbeit weitaus höher sein als bei jüngeren Arbeitnehmern. Sie legen mehr Gelassenheit und eine bessere Selbsteinschätzung an den Tag und behalten somit einen guten Überblick über schwierige Sachverhalte in belastenden Situationen. Die Sprache, Argumentation und die Fähigkeit zum logischen Denken ist bei älteren Arbeitsnehmern weitaus ausgeprägter als bei jüngeren.[14] Damit die Motivation der Babyboomer konstant bleibt sind einige Rahmenbedingungen zu schaffen, wie beispielsweise ein sicherer Arbeitsplatz und ein gutes Einkommen, auch im Ruhestand. Die Aufgaben sollten interessant sein und ihnen Handlungsspielraum einräumen. Von ihren Führungskräften wünschen sie sich Wertschätzung, Kompetenz, Gerechtigkeit, Weiterbildungsmöglichkeiten und eine gute Kommunikation. Ihre Arbeitszeit möchten sie gerne flexibel gestalten. Auch wenn sie mit modernen Kommunikationsmöglichkeiten vertraut sind, bevorzugen sie das persönliche Gespräch.[15]

Neben den Kompetenzen und Bedürfnissen älterer Mitarbeiter existieren Vorurteile, die besagen, dass ältere Arbeitnehmer sowohl in ihrer Lernfähigkeit als auch in ihrer Leistungsfähigkeit eingeschränkt sind.[16] Auch wenn im Alter eine Werteverschiebung zu beobachten ist, die sich auch auf die Motivation auswirkt, so ist die Ursache nicht allein in der inneren Motivation zu suchen, sondern ebenso in der Reaktion auf eine konkrete inhaltliche und methodisch-didaktische Angebotsgestaltung mit unzureichenden Motivationsbemühungen des Arbeitgebers.[17]

2.3 Bedeutung und Relevanz eines erfolgreichen Onboardings

Nachdem ein neuer Mitarbeiter eingestellt wurde, startet ein personalwirtschaftlicher Prozess, der in etwa ein Jahr dauert, in dem der neue Mitarbeiter eingearbeitet und integriert werden soll, die sogenannte „Onboardingphase". Die Einarbeitungsphase ist aufwendig sowie kosten- und zeitintensiv, da zu Beginn viele Fertigkeiten, Wissen und Strukturen vermittelt werden müssen. In dieser Phase ist eine gute Zusammenarbeit zwischen der Personalabteilung und dem zuständigen Fachbereich wichtig.[18] Kündigungen durch die Firma oder Eigenkündigungen des

---

[14] Vgl. Oertel, 2014, S. 34 ff
[15] Vgl Oertel, 2014, S. 43 ff
[16] Vgl. Loos, 2017, S. 5
[17] Vgl. Frerichs, 2007, S. 373, zitiert nach Schiefer, Hoffmann, 2019, S. 21
[18] Vgl. Brenner, 2020, S. 1

Mitarbeiters, die auf Fehler im Rekrutierungsprozess oder der Onboardingphase zurückzuführen sind, sind unbedingt zu vermeiden. Die Konsequenzen daraus sind hohe Kosten durch eine erneute Suche und Einarbeitung, Imageschäden der Führungskraft und Verfehlung der Unternehmensziele. Ein motiviertes, leistungsstarkes Team, welches für die Erreichung von Unternehmenszielen bedeutsam ist, kann durch häufige Mitarbeiterwechsel demotiviert werden.[19]

Die Einarbeitung und Integration eines Mitarbeiters ist auf drei Ebenen aufgeteilt. In der fachlichen Ebene werden Kenntnisse im jeweiligen Arbeitsgebiet und Faktenwissen erlangt. Eine weitere Ebene ist die soziale Integration, in der sich mit dem Arbeitsumfeld vertraut gemacht wird und der neue Mitarbeiter in die Unternehmensgemeinschaft integriert wird. Die dritte wichtige Ebene ist die werteorientierte Integration, bei der die Ziele und die Werte des Unternehmens im Vordergrund stehen, mit denen sich der neue Mitarbeiter nachhaltig identifizieren sollte. Als große Herausforderungen gelten die soziale und die werteorientierte Integration. Oft scheitert es nicht an den fachlichen Kenntnissen, sondern daran, dass der Mitarbeiter nicht gut in das Team oder gar in das Unternehmen passt.[20] Wichtig für einen erfolgreichen Onboardingprozess ist es, dass die einzelnen Bewerber differenziert nach ihrem jeweiligen beruflichen Reifegrad betrachtet werden. Der Reifegrad 1 beschreibt den Mitarbeiter, der noch keine Berufserfahrung gesammelt hat. Grundsätzlich sind diese Mitarbeiter sehr enthusiastisch, aber auch unerfahrene Anfänger, bei denen die Führungskraft vor Selbstüberschätzung schützen sollte. Um Überforderung und dadurch verursachte Demotivation zu verhindern, muss ein strukturierter Einarbeitungsplan zur Verfügung gestellt werden. Demotivation des Mitarbeiters kann in dieser Phase im schlimmsten Fall zur vorzeitigen Beendigung des Arbeitsverhältnisses führen. Der Reifegrad 2 beschreibt eine Bewerbergruppe, die eventuell schon einige Rückschläge erlebt hat, welche den Erfahrungsschatz und die Fähigkeiten bereits erweitert haben. Mit diesen Mitarbeitern sollten intensive und kurzfristige Feedbackgespräche geführt werden. Der Mitarbeiter des Reifegrades 3 hat bereits ausgeprägtes Wissen erlangt und sollte durch positives Feedback ermutigt werden, da er tendenziell noch vorsichtig agiert. Bei Mitarbeitern des Reifegrades 4 sind sowohl Fähigkeiten als auch Ehrgeiz stark ausgeprägt. Sie werden als „Top Performer" bezeichnet und benötigen keine direkte Führung, sondern einen Coach auf Augenhöhe.[21]

---

[19] Vgl. Brenner, 2020, S. 4 f
[20] Vgl, Brenner, 2020, S. 12
[21] Vgl. Krings, Nieland, 2019, S. 8

3 Phasen der Einarbeitung & Methoden für ein erfolgreiches Onboarding

In diesem Kapitel werden die unterschiedlichen Phasen einer Einarbeitung chronologisch beschrieben. Danach werden einige Methoden vorgestellt, die während des Onboardingprozesses neuer Mitarbeiter genutzt werden können.

3.1 Die Phasen der Einarbeitung

Wie eingangs erwähnt ist die Onboardingphase ein Prozess, der einen längeren Zeitraum in Anspruch nimmt. Dieser Prozess lässt sich in unterschiedliche Phasen einteilen, die verschiedene Maßnahmen erfordern. [22]

Der Auswahlprozess: Bereits vor der Bewerberauswahl ist es wichtig, die Anforderungen an den jeweiligen Bewerber genau und präzise zu beschreiben, wobei unterschieden werden sollte, welche Anforderungen dringend vorhanden sein sollten und welche verhandelbar sind. Mit Hilfe von Mitarbeitern aus dem Fachbereich sollte ein Anforderungsprofil erstellt werden und bei der Bewerberauswahl mit den Qualifikationen der Kandidaten verglichen werden. Instrumente, wie Assessment Center, Telefoninterviews und die Vereinbarung eines „Schnuppertages" können Klarheit schaffen. Da es den idealen Kandidaten im Regelfall nicht gibt, ist es wichtig Defizite zu erkennen und Maßnahmen für Qualifizierungen festzulegen. Dabei sind die Erwartungen an den Mitarbeiter klar zu kommunizieren. Ebenfalls müssen die Erwartungen und Vorstellungen des Mitarbeiters in Erfahrung gebracht werden und geprüft werden, ob diese realisierbar sind.

Das Preboarding: Die Zeit zwischen Abschluss des Vertrages und dem ersten Arbeitstag kann bereits sinnvoll genutzt werden, um den neuen Mitarbeiter in das Team einzubinden. Wenn der neue Mitarbeiter schon in dieser Phase über Entwicklungen in seinem Bereich informiert wird, Zugang zum Intranet erhält, zu Firmenveranstaltungen eingeladen wird und im Vorfeld Einzelheiten des Einarbeitungsplans kennt, entsteht bereits vorab eine Bindung zum Unternehmen. Das Preboarding ist insbesondere wichtig, da die sogenannte No-Show-Rate, die besagt, wie viele Bewerber erst gar nicht zum ersten Arbeitstag erscheinen, bei 30% liegt.

Der erste Arbeitstag: Der erste Arbeitstag ist für den neuen Mitarbeiter ein besonderer Tag, auf den er sich schon lange vorbereitet hat. Er sollte wertschätzend von der Führungskraft empfangen und willkommen geheißen werden. Der Führungskraft sollte bewusst sein, dass der Mitarbeiter an diesem Tag häufig abschätzen wird, ob er mit dem neuen Arbeitgeber die richtige

---

[22] Vgl. Brenner, 2020, S. 7 ff

Entscheidung getroffen hat und somit alle Eindrücke wahrnimmt und bewertet. Eine gute Aufnahme kann bewirken, dass diese Bedenken verworfen werden. Damit der neue Mitarbeiter sich gut aufgenommen fühlt, sollten alle wichtigen Unterlagen für Ihn bereitliegen und er sollte den anderen Kollegen, beispielsweise im Intranet, vorgestellt werden. Der Einarbeitungsplan muss spätestens jetzt feststehen und gemeinsam besprochen werden.

Die ersten Wochen: Die ersten Wochen dienen der Orientierung, in der sich der neue Mitarbeiter mit seiner Umgebung und den direkten Kollegen vertraut machen sollte. Er sollte die Organisation, die Ziele und die Grundsätze des Unternehmens kennenlernen und seine Aufgaben definiert und vermittelt bekommen. Die Erwartungen zwischen Führungskraft und neuem Mitarbeiter sollten diskutiert werden und Fachgespräche mit den Kollegen sollten stattfinden.

Die ersten Monate: Die ersten Monate in einem neuen Unternehmen bezeichnet man als Lern- und Integrationsphase, in der der neue Mitarbeiter das Unternehmen besser verstehen lernt. Er erschließt sich mehr und mehr das eigene Arbeitsgebiet und denkt über Optimierungen nach. In dieser Zeit folgen auf Erfolgserlebnisse oftmals Frustration und damit verbundene Lernerfahrungen.

Die Probezeit: Der neue Mitarbeiter sollte sich nach circa sechs Monaten in dem Unternehmen gut zurechtfinden und zumindest teilweise eigenständig arbeiten können. In dieser Phase gewinnt der Mitarbeiter Stabilität und Akzeptanz. Nach sechs Monaten kommt das Kündigungsschutzgesetz zum Einsatz. Dies bedeutet, dass spätestens nach Ablauf dieser Frist eine Trennung beider Parteien schwieriger ist. Das Unternehmen sollte sich also nach diesem Zeitraum sicher sein, den Mitarbeiter weiter beschäftigen zu wollen.

3.2 Vorbereitung des Arbeitsplatzes

Der eigene Arbeitsplatz kann dem neuen Mitarbeiter als Rückzugsort dienen und ist somit nicht nur rein funktional wichtig für ihn. Damit der neue Mitarbeiter sich gut in das Team integrieren kann und sich zugehörig fühlt, sollte er nicht zu weit von seinen Teamkollegen entfernt sitzen. Falls ein Pate ernannt wurde, der den neuen Mitarbeiter betreut und anlernt, macht es Sinn ihn in die Nähe seines Ansprechpartners zu setzen. Für die Einrichtung des Arbeitsplatzes kann eine Checkliste erstellt werden, die berücksichtigen sollte, ob der Arbeitsplatz ergonomisch ist und ob Vorschriften der Arbeitsplatzsicherheit eingehalten wurden. Das Mobiliar sollte vollständig sein und beispielsweise folgende technische Ausstattungen beinhalten: [23]

- PC inklusive Software mit der jeweiligen User-ID und den notwendigen Berechtigungen
- Druck- und Kopiermöglichkeiten
- Zugang zum Internet und zu den firmeninternen Netzwerken
- Falls notwendig, Werkzeuge und Arbeitsbekleidung
- Schreibutensilien und sonstige Büroausstattung
- Telefoneinrichtung
- Falls erforderlich, muss die Möglichkeit zum mobilen Arbeiten gegeben sein (Firmenlaptop, VPN-Anschluss, Mobiltelefon mit Freischaltung)

3.3 Zielvereinbarungen und Feedback-Gespräche

Um neue Mitarbeiter zu orientieren und ihnen die Gelegenheit zu bieten erste Erfolge zu erzielen, sollten die Erwartungen und daraus formulierte Meilensteine klar kommuniziert werden. Ziele für einen bestimmten Zeitraum, beispielsweise für die Probezeit, sollten „SMART" formuliert und schriftlich festgehalten werden: [24]

Spezifisch	→ sowohl das Ziel als auch der Erfolg sollten spezifisch definiert werden
Messbar	→ Erfolge werden an bestimmten Werten gemessen
Akzeptiert	→ der neue Mitarbeiter muss die Ziele akzeptieren
Realistisch	→ die Ziele sollten mit gegeben Bedingungen erreicht werden können
Terminiert	→ Eine Frist sollte festgelegt werden

Um die Zielerreichung zu besprechen, sollten regelmäßige Feedback-Gespräche geführt werden, in denen es zusätzlich auch um die soziale und werteorientierte Integration geht, die hier hinterfragt werden sollte. Feedback-Gespräche sind für den neuen Mitarbeiter wertvoll, um zu erfahren, wie sein bisheriges Verhalten in dem neuen Unternehmen bewertet wird. Die Führungskraft sollte sowohl positive Aspekte nennen, aber auch Optimierungsmöglichkeiten

---

[23] Vgl. Brenner, 2020, S. 22 f
[24] Vgl. Brenner, 2020, S. 16 f

aufzeigen. Auch der neue Mitarbeiter sollte nach seiner Beurteilung des bisherigen Arbeitserlebnisses gefragt werden und seine Eindrücke erläutern.[25]

3.4 Schulungsmethoden

Für eine effiziente Einarbeitung sind Schulungen unter verschiedenen Rahmenbedingungen eine gute Möglichkeit. Verschiedene Schulungsmaßnahmen im Rahmen des Onboardings neuer Mitarbeiter sind in Tabelle 1 aufgeführt:

Tabelle 1: Schulungsformen zur Vermittlung von Wissen unter unterschiedlichen Rahmenbedingungen[26]

Training on the Job	Training along the Job	Training off the Job
- Learning by Doing - Begleitung des Wissenstransfers durch den Einarbeitenden - Erweiterung des Aufgabenbereichs (Jobenlargement) und der Qualität der Aufgaben (Jobenrichment)	- Begleitender Lernprozess - Coaching durch den Einarbeitenden - Erlernung neuer Fertigkeiten	- Räumliche Distanz zum Arbeitsplatz - Vermittlung geschützter Lernatmosphäre - Schulungen/ Seminare in speziellen Einrichtungen

4 Onboarding vor dem Hintergrund des Demografischen Wandels

Um den, durch den demografischen Wandel zu erwartenden, Rückgang der Erwerbsquote auf dem Arbeitsmarkt abzufangen, ist es für Unternehmen in Zukunft ratsam sich bei der Suche nach neuen Mitarbeitern verstärkt zu diversifizieren und insbesondere auch vermehrt ältere Bewerber in Betracht zu ziehen. Tendenziell neigen Unternehmen häufig dazu jüngere Bewerber zu bevorzugen, da diesen nachgesagt wird, motiviert und „formbar" zu sein. Des Weiteren ist anzunehmen, dass Unternehmen sich von jüngeren Angestellten eine längere Beschäftigungsdauer erhoffen und davon ausgehen, dass die Personalkosten mit diesen niedriger gehalten werden können.[27] Auf Grundlage der erarbeiteten Themen ist jedoch festzuhalten, dass ältere Generation mit der richtigen Personalpolitik weiterhin äußerst motiviert arbeiten können und eine Weiterbildung und Weiterbeschäftigung, auch über das gesetzliche Rentenalter hinaus, anzustreben ist. Hinzu kommt, dass jüngere Bewerber dazu bereit sind, tendenziell häufiger den Arbeitgeber oder den Job zu wechseln.[28] Speziell junge Frauen stehen dem Unternehmen

---

[25] Vgl. Brenner, 2020, S. 16 f
[26] Vgl. Krings, Nieland, 2019, S. 14
[27] Vgl, Koller, Gruber, 2001, S. 489 ff
[28] Vgl. Schröder-Kunz, 2019, S. 189 f

oftmals nicht permanent zur Verfügung, weil sie sich einige Jahre auf die Familienplanung fokussieren und die durchgängige Beschäftigungsdauer bei ihnen viel kürzer sein kann.[29] Auch bei den Personalkosten ist darüber nachzudenken, ob sich eine Investition lohnen könnte, da Bewerber mit einer längeren Laufbahn über einen großen Erfahrungsschatz verfügen und dem Unternehmen bereits in kürzester Zeit einen signifikanten Mehrwert bieten können. Die Grundlage für ein erfolgreiches Onboarding wird bereits bei der Bewerberauswahl geschaffen, die sich durch eine sorgfältig zusammengestellte Stellenbeschreibung und ausführliche Auswahlprozesse auszeichnet. Sollen nun im Rahmen des Recruitings gezielt ältere Bewerber aus der Generation der Babyboomer angesprochen werden, sollte eine der Lebens- und Berufserfahrung entsprechende wertschätzende Anrede in einer Stellenausschreibung erfolgen. Bei der Formulierung des Anforderungsprofils, sollte sich die Personalabteilung zusammen mit der entsprechenden Fachabteilung darüber Gedanken machen, welche Qualifikationen der neue Mitarbeiter mitbringen soll und wie das Anforderungsprofil explizit auf ältere Bewerber ausgerichtet werden kann. Grundsätzlich muss das Unternehmen dazu bereit sein, überdurchschnittliche Verdienstmöglichkeiten und Benefits, wie flexible Arbeitszeiten und betriebliche Altersvorsorge in den Vordergrund zu stellen, da besonders Bewerber aus der Generation der Babyboomer auf diese Rahmenbedingungen großen Wert legen. Sollte zwischen dem Unternehmen und dem neuen Mitarbeiter eine Einigung erzielt worden sein, beginnt der eigentliche Prozess des Onboardings. Noch vor dem ersten Arbeitstag sind wichtige Vorbereitungen für den neuen Mitarbeiter zu treffen, wie beispielsweise die Einrichtung und Ausstattung des Arbeitsplatzes. Für Bürotätigkeiten sollte der Arbeitsplatz ergonomisch und auf die individuellen Bedürfnisse ausgerichtet sein. Insbesondere für ältere Mitarbeiter sollten rückenschonende Bürostühle mit entsprechender Fußablage, gut eingestellt, zur Verfügung stehen, da im Alter die Gelenke Probleme machen können. Eine betriebsärztliche Anleitung für eine gesunde Körperhaltung im Büro sowie Anregungen zu Bewegungsübungen kann hier eine gute Unterstützung bieten. Da auch das Seh- und Hörvermögen beeinträchtigt sein kann, sollte der Arbeitsplatz gut beleuchtet und der Bildschirm entsprechend augenschonend eingestellt sein. Da die Generation der Babyboomer viel Wert auf den persönlichen Kontakt legt, sind Einladungen zur selbstständigen Einrichtung des Arbeitsplatzes und Vorbesprechungen sinnvoll. An dem ersten Arbeitstag ist es wichtig, dass jeder neue Mitarbeiter wertschätzend von der Führungsperson begrüßt und im Unternehmen vorgestellt und herumgeführt wird. Insbesondere bei älteren Einsteigern mit langer

---

[29] Vgl. Schinnenburg, Adam, 2013, S. 350

vorheriger Berufserfahrung sollte der Erfahrungsschatz in der Vorstellungsrunde hervorgehoben werden und signalisiert werden, dass derjenige auf Augenhöhe mit gleichaltrigen und gleichqualifizierten Mitarbeitern zu behandeln ist. Für die Einarbeitung kann ein Pate zur Seite gestellt werden, der bestenfalls gleichgesinnt und im selben Alter mit derselben oder einer höheren Qualifikation sein sollte. Die Einarbeitung sollte grundsätzlich eine sinnvolle Mischung aus den gängigen Schulungsmethoden sein. Bei der Anwendung von „Training on the job"-Maßnahmen ist es bei älteren Mitarbeitern sinnvoll, ihnen so viel Eigenständigkeit wie möglich einzugestehen. Auf einer Vertrauensbasis sollte ihnen dabei genügend Spielraum für die individuelle Entfaltung eingeräumt werden. Babyboomer bevorzugen besonders Fortbildungsmaßnahmen, die in Präsenz stattfinden, da Online-Seminare von Ihnen nicht als sinnvolle Schulungsmethode wahrgenommen werden.[30] Diese „Training off the job"-Maßnahmen können außerdem ein geschütztes Lernumfeld außerhalb des Unternehmens bieten und sollten in regelmäßigen Abständen zur Einarbeitung und Weiterqualifizierung angeboten werden. Gibt es die Möglichkeit an einer Schulung dieser Art mehrere Mitarbeiter teilnehmen zu lassen, so hat der neue Mitarbeiter die Möglichkeit andere Kollegen in einem unabhängigen Umfeld kennenzulernen und eine Bindung aufzubauen. Die fachliche Einarbeitung sollte mit Hilfe eines Einarbeitungsplans erfolgen in regelmäßigen Abständen von der Führungskraft und dem neuen Mitarbeiter besprochen werden. Im besten Fall ist der Einarbeitungsplan auf die Stärken und Schwächen des neuen Mitarbeiters und auf die Bedürfnisse der jeweiligen Abteilung abgestimmt. Babyboomer können äußerst motiviert arbeiten, wenn neue interessante Aufgaben gestellt werden, die sie als sinnvoll erachten. Daher sollten im Rahmen der Feedback-Gespräche Ziele SMART formuliert werden, bei denen der neue Mitarbeiter mitentscheiden kann, um die Attraktivität dieser Ziele für ihn zu fördern. In den ersten Wochen sollten die gegenseitigen Erwartungen und Ansprüche des neuen Mitarbeiters und der Führungsperson diskutiert werden. Ziele und Qualifizierungsmaßnahmen sollten in regelmäßigen Feedback-Gesprächen besprochen werden, wobei zu beachten ist, dass ältere Mitarbeiter besonders viel Wert auf das persönliche und vertraute Gespräch legen, daher ist für solche Gespräche von Kommunikationsmedien Abstand zu nehmen. Es ist anzunehmen, dass ältere Mitarbeiter durch ihre Erfahrung weniger dazu bereit sind, den Kompromiss einzugehen ein Arbeitsverhältnis zu erhalten, in dem sie sich nicht vollends wohlfühlen, daher ist es wichtig neben der fachlichen Integration ein besonderes

---

[30] Vgl. Latz, 2016, S. 114

Augenmerk auf die werteorientierte und soziale Integration zu legen. Dies kann mit Hilfe von Einführungsveranstaltungen und Teambuildingmaßnahmen erfolgen.

5   Fazit und Ausblick

Das Ziel der vorliegenden Arbeit war es, die demografische Relevanz älterer Mitarbeiter und insbesondere die Bedeutung der Generation der Babyboomer für den zukünftigen Arbeitsmarkt zu erörtern. Darüber hinaus wurde der personalwirtschaftliche Prozess des Onboardings mit seinen Phasen und Methoden genauer beleuchtet und aufgezeigt, wie Onboarding-Strategien angepasst werden können, um Babyboomer erfolgreich in ein Unternehmen zu integrieren. Da die vorliegende Arbeit einen beschränkten Umfang hat, war es nicht möglich alle Aspekte des Demografischen Wandels im Detail zu behandeln und alle in der Literatur bekannten Methoden für ein erfolgreiches Onboarding aller relevanten Zielgruppen vorzustellen. Für die Anpassung an den demografischen Wandel sind noch andere Bewerbergruppen interessant, wie beispielsweise das Fachkräftepersonal aus dem Ausland, dem auch ein individuelles Onboarding zuteilkommen sollte. Diese Gruppe bringt andere Bedürfnisse und Kompetenzen mit, auf die personalwirtschaftliche Onboardingprozesse entsprechend ausgerichtet werden müssen. Obwohl in der vorhandenen Literatur viel über das Thema „Onboarding" zu finden ist und auch verschiedene Interessengruppen behandelt werden, wurde die Gruppe älterer Arbeitnehmer nicht explizit aufgegriffen. Dies sollte vor dem Hintergrund der demografischen Entwicklung und der Relevanz dieser Bewerbergruppe kritisch angemerkt werden. Die Generation der Babyboomer wird in der Literatur oftmals idealisiert dargestellt und potenzielle Defizite werden als Vorurteil entkräftet. Aus personalwirtschaftlicher Sicht ist es jedoch von enormer Bedeutung, Defizite und Schwächen zu kennen, um mit entsprechenden Maßnahmen beim Onboarding entgegenwirken zu können. Grundsätzlich sollte die Unternehmensintegration eines Mitarbeiters nicht zu differenziert erfolgen, da es die soziale Integration in ein bestehendes Team verkomplizieren und den Teamgedanken in den Hintergrund stellen könnte. Menschen unterscheiden sich charakterlich stark voneinander unabhängig davon, ob sie im selben Alter sind und es gibt eine Vielzahl von Berufen, die ein individuelles Onboarding erfordern. Daher kann nicht dargelegt werden, welche Eingliederungsmöglichkeit pauschal die sinnvollste ist, eine individuelle Behandlung auf die Bedürfnisse des Einzelnen sollte nicht vernachlässigt werden. Zur weiteren Behandlung des Themas sollte der Onboardingprozess für weitere Bewerbergruppen mit Relevanz zum Demografischen Wandel untersucht werden. Aus personalwirtschaftlicher Sicht kann es ebenfalls sinnvoll sein, einen Vergleich der Bewerbergruppen und eine Gegenüberstellung deren Bedürfnissen, Kompetenzen und Defiziten anzustellen, um das zukünftige Onboarding vor dem Hintergrund des Demografischen Wandels weiter voranzutreiben.

Literaturverzeichnis

Budliger Hendrik (2021): Demografischer Wandel und Wirtschaft, Wiesbaden

Brenner Doris (2020): Onboarding – Als Führungskraft neue Mitarbeiter erfolgreich einarbeiten und integrieren, 2. Auflage, Wiesbaden

Fuchs J./Söhnlein D./Weber B. (2017): Projektion des Erwerbspersonenpotenzials bis 2060; Arbeitskräfteangebot sinkt auch bei hoher Zuwanderung - IAB-Kurzbericht, 06/2017, https://www.iab.de/194/section.aspx/Publikation/k170209301 (Zugriff am 20.11.2021)

Schinnenburg H./Adam S. (2013): Warum Mütter sich (nicht) für Führungspositionen entscheiden, in Göke, Michael/Heupel, Thomas (Hrsg.): Wirtschaftliche Implikationen des demografischen Wandels – Herausforderungen und Lösungsansätze. Wiesbaden, S. 350

Krings T./Nieland F. (2019): Onboardingprozesse im Einzelhandel – Effektive Einarbeitung und Warenkunde, Wiesbaden

Koller B./Gruber H.: Ältere Arbeitnehmer im Betrieb und als Stellenbewerber aus der Sicht der Personalverantwortlichen, in Mitteilungen aus der Arbeitsmarkt- und Berufsforschung, 34. Jahrgang 2001, S. 489

Lang R./Rybnikova I. (2014): Aktuelle Führungstheorien und -konzepte, Wiesbaden

Latz, Isabelle (2016): Personalakquisition im Spiegelbild der Generationenvielfalt, Wiesbaden

Loos, Jana (2017): Lebenslanges Lernen im demografischen Wandel, Wiesbaden

Oertel Jutta (2014): Baby Boomer und Generation X – Charakteristika der nachrückenden Arbeitnehmer-Generationen, in: Klaffke, Martin (Hrsg.): Generationen-Management – Konzepte, Instrumente, Good-Practice-Ansätze, Wiesbaden, S. 27-54

Parment Anders (2013): Die Generation Y – Mitarbeiter der Zukunft motivieren, integrieren, führen, 2. vollständig überarbeitete und erweiterte Auflage, Wiesbaden

Rimser Markus (2014): Generation Ressource Management – Nachhaltige HR-Konzepte im demografischen Wandel, Wiesbaden

Schröder-Kunz Sabine (2019): Generationen (gut) führen – Altersgerechte Arbeitsgestaltung für alle Mitarbeitergenerationen, Wiesbaden

Schiefer G./Hoffmann C. (2019): Lernmotivation und Weiterbildungsbereitschaft älterer Mitarbeiter – Hilfestellung für Führungskräfte im Rahmen agiler Personalführung. Wiesbaden

Walter, Norbert (2013): Europa schrumpft und altert – oder besser: Hurra, wir werden älter!.in: Göke, Michael/Heupel, Thomas (Hrsg.): Wirtschaftliche Implikationen des demografischen Wandels – Herausforderungen und Lösungsansätze. Wiesbaden, S. 1-17

BEI GRIN MACHT SICH IHR WISSEN BEZAHLT

- Wir veröffentlichen Ihre Hausarbeit, Bachelor- und Masterarbeit

- Ihr eigenes eBook und Buch - weltweit in allen wichtigen Shops

- Verdienen Sie an jedem Verkauf

Jetzt bei www.GRIN.com hochladen und kostenlos publizieren